AF220017

Nirvana
für Europäer

28 Impulse aus einer anderen Dimension

von Satya Murti
सत्य मूर्ति

Willkommen

Zunächst lasst mich euch zu dem Erwerb dieses kleinen Büchleins gratulieren, denn ihr haltet etwas in Händen, dass sehr simpel erscheint, aber dessen Wirkung euer Leben für immer verändern kann.

Viele spirituelle Bücher beschäftigen sich mit dem Erreichen des Nirvana, insbesondere durch meditative Techniken. Diese Bücher sind sehr aufschlussreich und zutiefst interessant, aber sie sind auch sehr komplex, extrem umfangreich, und verlangen vom Leser sehr viel zeitliches Engagement.

Dieser Tage ist Zeit in Industrieländern ein extrem knappes Gut geworden, und da sie auf 24 Stunden pro Tag limitiert ist, bedarf es einer durchdachten Allokation durch das Individuum. Spirituelle Konzepte sind zwar sehr gefragt, aber aufgrund des zeitlichen Aufwands sehr häufig nicht über einen längeren Zeitraum hinweg in den Alltag einzubinden.

Dieses Buch löst dieses Problem. Jede einzelne Technik ist mühelos in den Alltag integrierbar, ohne auch nur den Hauch zusätzlichen Zeitaufwands. Ihr entscheidet selbst, welche Technik ihr wann anwenden wollt, ob ihr mehrere gleichzeitig versuchen mögt. Wie eure Wahl auch ausfallen mag, die damit verbundenen Erfahrungen werden euch neue Dimensionen offenbaren.

Die Techniken sind zeitgemäß, sie sind abgestimmt auf das arbeitende Individuum des 20ten Jahrhunderts und seine alltäglichen Herausforderungen. Auch wenn jede einzelne dieser Techniken tatsächlich in der Lage ist, euch das Nirvana zu bescheren, sollen sie zunächst primär dafür sorgen, dass ihr einen Einblick in bisher unbekannte Wirkzusammenhänge erlangt, das wiederum macht euch empfänglicher für spirituelle Einflüsse, und je offener ihr seid, umso tiefer werden eure spirituellen Erfahrungen sein.

Trotzdem es sehr viele Techniken dieser Art gibt, habe ich mich auf diejenigen beschränkt, die die größte Tiefe besitzen. Regelmäßig angewandt ermöglichen sie ein wahnsinnig breites Spektrum an Erfahrungsmomenten, und das bei maximaler Simplizität. Unterschätzt die Macht dieser Techniken nicht, denn ihre subtile Einfachheit, ihre mühelos anmutende Ausführbarkeit und ihre vermeintlich leicht zu prognostizierende Wirkung, lassen sie für das ungeschulte Auge zwar harmlos erscheinen, aber in Wahrheit sind diese Charakteristiken gleichzeitig Qualitätsmerkmale der kraftvollsten Methoden überhaupt.

Das Leben ist in jedem Atemzug, der Tod ist in demselben Atemzug, ihr sterbt nicht an einem fernen

Tag irgendwann in der Zukunft, ihr sterbt jetzt, ihr lebt und sterbt jetzt gerade, simultan, genauso wie ein anfangs leeres Fass, das stetig mit Wasser gefüllt wird, gleichzeitig voll und leer ist. Wenn euch das bewusst ist, werdet ihr aufhören, ständig in der Gegenwart für einen imaginären, zukünftigen Moment der allumfassenden Wunscherfüllung zu leiden.

Nirvana?

Nirvana bedeutet so viel wie Auslöschung. Es ist das Resultat einer plötzlichen Erleuchtung, einer vom Verstand nicht erfassbaren Erfahrung, und entspringt letzten Endes einem Zustand bewusster Gedankenlosigkeit.

Nirvana ist keine Form des Wachstums, sondern viel eher mit einem Zustand der Komprimierung und Simplifikation zu vergleichen. Es entstammt einer inneren Reinigung und einer Abstoßung überflüssiger Komponenten. Das hört sich alles recht vage und unpräzise an, aber das liegt an der Natur der Sache. Worte entspringen dem Verstand, und können daher nur einen sehr unzureichenden Ersatz für Erlebnisse bieten. Im spirituellen Bereich vermitteln spezielle Techniken die besten Erfahrungen, somit auch die besten Antworten. Der

Verstand kann Erfahrungen zwar einordnen und analysieren, aber er kann sie nicht selbst machen.

Als Konsumenten wird euch eingeredet, dass mehr von Etwas nicht schlecht sein kann, dass Wachstum und Fortschritt alle Lösungen für eure Probleme bereithalten, und euch letzten Endes das finale, allumfassende Glück bescheren, in einer gar nicht allzu fernen Zukunft, nur noch ein wenig mehr, etwas besser noch, dann ist es soweit. Ist das so? Ist euch das bisher vergönnt gewesen, oder vielleicht irgendjemandem, den ihr kennt?

Die Spezies Mensch scheint mehr interessiert am Haben, als am Sein, und ist damit die einzige auf dem ganzen Planeten. Sie interessiert sich mehr dafür, wie ihr Leben aussieht, als dafür, wie es sich anfühlt. Dies führt seit jeher zu innerer Unruhe, die auch für jeden von euch fühlbar vorhanden ist. Nicht ohne Grund sind die Menschen seit Anbeginn der Zeit auf der Suche nach innerem Frieden, nach einem Zustand, der eben nicht geprägt ist durch Wunsch, Hoffnung und Streben, sondern durch allumfassende Konfliktlosigkeit.

Dieser Zustand ist das Nirvana. Ihr könnt es nicht finden, ihr könnt es nicht suchen, es wird euch finden, es wird euch dann überwältigen, wenn ihr bereit seid, und dieses kostbare Büchlein wird euch vorbereiten.

Lass dich auf die Techniken ein

Die Techniken, die euch hier begegnen, werden euch auf den ersten Blick recht banal erscheinen. Sie sollen euch nicht herausfordern, sondern einladen. Sie sollen euch Spaß machen, euch dazu bringen, über euch selbst zu lachen, denn nur so werdet ihr motiviert, interessiert und engagiert bleiben.

Letzten Endes handelt es sich bei jeder einzelnen Technik um Methoden der Meditation, auch wenn sie auf den ersten Blick definitiv nicht diesen Eindruck vermitteln. Meditation besteht jedoch immer nur aus zwei Komponenten, nämlich der Abwesenheit von Gedanken und der bewussten Wahrnehmung. Die Techniken schlagen eine Brücke des leichteren Übergangs zwischen Alltag und Meditation, indem sie auf spielerische Art diese zwei sowohl übungsintensiven, als auch schwierig zu meisternden Basiskomponenten der Meditation ermöglichen.

Vermutlich werdet ihr über die Ergebnisse und Wirkungen dieser Techniken Spekulationen anstellen. Versucht nicht, euch ihnen mit dem Verstand zu nähern. Sie sind für den Verstand nicht gedacht. Zerbrecht euch nicht unnötig den Kopf, macht einfach. Tatsächlich kann der Verstand die Wirkung dieser Techniken gar nicht erfassen. Gebt euch stattdessen der Technik hin, so gut ihr es eben könnt, und beobachtet eure inneren Vorgänge.

Diese Selbstbeobachtung ist der Kern, die Essenz der Techniken. Die Resultate liegen immer innerhalb eurer eigenen Erfahrung, es gibt kein richtig oder falsch, es gibt immer nur Erkenntnisse, und die sind abhängig von dem Grad eures Vertrauens in die Technik, eurer Offenheit gegenüber Neuem, und insbesondere eurer Hingabe.

Die Qualität jeder einzelnen Technik ist unumstritten. Ihre Wirkung hingegen ist immer abhängig vom Individuum, denn es ist stets sehr leicht, Dinge vorzuverurteilen, allerdings lässt das vielmehr Rückschlüsse auf eure Einstellung zu, als dass es tatsächlich Hinweise auf die Qualität der Techniken gibt. Seid ihr tatsächlich auf der Suche nach Veränderung, auf der Suche nach neuen Dimensionen? Oder ist es vielmehr so, dass ihr alles torpediert, nur um so weiterzumachen wie bisher, um eure bisherigen Lebensentscheidungen zu rechtfertigen, damit ihr euch ein wenig besser fühlt? Falls ihr wirklich etwas Neues sucht, könnt ihr nicht erwarten, dass es euch ohne Verhaltensveränderung widerfährt.

Dinge abzulehnen ist das leichteste überhaupt, denn es gibt kaum etwas bequemeres, als sich gar nicht erst mit etwas unbekanntem auseinandersetzen zu müssen. Fragt euch selbst, ob euer bisheriges

Verhalten zu den Resultaten geführt hat, die ihr euch immer schon erhofft hattet, bevor ihr euch zu voreiligen Schlüssen verleiten lasst.

Etwas zu verurteilen, hat auf den Verurteilten selbst keinerlei Wirkung, sorgt aber dafür, dass ihr euch mit der Thematik nicht weiter beschäftigen müsst. Kognitive Dissonanz ist ein typischer Verteidigungsmechanismus der auftaucht, wenn man auf Dinge stößt, die das eigene Selbstbild oder die eigene Weltanschauung bedrohen. Es bedeutet, aus Angst vor der Zerstörung der eigenen Überzeugungen, selbst offensichtliche und auch bewiesene Fakten, insbesondere eigene Erfahrungen, zu verleugnen. Seid euch dieses Mechanismus' bewusst.

Seht die Erkenntnisse aus dem Umgang mit den Techniken nicht als Zerstörung eurer Welt, sondern als nächsten Schritt, als eine Entwicklungsstufe, als eine Fortsetzung eurer individuellen Geschichte an. Nichts, was zerstört werden kann, existiert wirklich!

Der Grund warum ich euch dies sage, ist eure Identifikation mit eurem Verstand. Ausschließlich verlasst ihr euch auf ihn. Ohne es zu wissen, betet ihr ihn an, habt ihr ihn zu eurem Heiligen erklärt. Verständlich, in einer Welt, in der Quantifizierbarkeit und Beweisbarkeit regieren. Der Verstand selbst ist aber nicht das Problem, eure

Identifikation ist das Problem, denn ihr glaubt tatsächlich, dass ihr euren Verstand beherrscht.

Die Wahrheit aber ist, er beherrscht euch. Der Verstand ist sehr gerissen, ein Meister der Täuschung. Er hat es geschafft, von eurem Werkzeug, zum Herrscher über euch zu avancieren. Das glaubt ihr nicht? Na dann versucht doch, ihn abzuschalten. Versucht, nicht zu denken! Wenn ihr es schafft, zehn Minuten ununterbrochen keinen einzigen Gedanken zu fabrizieren, dann braucht ihr dieses Buch nicht, dann gratuliere ich euch zur Herrschaft über euren Verstand!

Worauf es ankommt

Euer Leben läuft auf Autopilot. Die Entscheidungen, die ihr trefft, glaubt ihr nur, bewusst zu treffen, tatsächlich sind sie aber lediglich Resultat mittlerweile bis zum Automatismus verinnerlichter Konditionierungen, sogar das Fühlen selbst erfolgt nur so, wie es euch beigebracht wurde. Erst dann, wenn ihr euch dieser Mechanismen bewusst werdet, habt ihr tatsächlich eine Chance darauf, selbst eine Entscheidung zu treffen, eine echte, bewusste Entscheidung.

Die hier gezeigten Techniken geben euch die Chance, die Automatismen zu durchbrechen, und sie zu durchschauen. Diese Techniken erfolgreich zu durchlaufen, ist aus technischer Sicht sehr einfach. Das Augenmerk liegt nicht auf der bloßen Ausführung, diese ist nur Mittel zum Zweck. Die tatsächliche Schwierigkeit liegt in der Beobachtung der eigenen inneren Abläufe, und zwar in jedem einzelnen Augenblick. Beobachtet, fühlt in euch hinein und sammelt Informationen, wertet nicht, sammelt nur. Das Verständnis stellt sich dann fast ganz automatisch ein. Am Ende, nach der Beobachtungsphase, könnt ihr versuchen, die Erfahrungen einzuordnen, und wichtige Dinge noch einmal Revue passieren zu lassen.

Die Techniken sind nicht notwendigerweise als starr zu betrachten. Wandelt sie ab, falls eine Variation für euch zu besseren Ergebnissen führt. Auch die gewählte Reihenfolge ist willkürlich und folgt keiner besonderen Logik. Kombiniert nach Belieben, denn die Techniken sind in vielen Aspekten sehr unterschiedlich, und bieten euch somit zahlreiche Möglichkeiten, sie in eure individuellen Tagesabläufe zu integrieren. Wenn ihr eine oder mehrere Techniken gefunden habt, die euch vielversprechend erscheinen, bleibt für mindestens vier Wochen bei ihnen, wechselt nicht, auch wenn ihr das Gefühl habt, die Technik sei ausgereizt, denn häufig verändern sich die

Erfahrungen im Laufe der Zeit, zum Teil sogar signifikant.

Fokussiert euch stets voll und ganz auf euch, nicht auf die Technik. Werdet selbst zum Zentrum, nehmt wahr, was alles in euch vorgeht, werdet vollkommen bewusst, jederzeit. Je mehr Dinge ihr beobachten könnt, je weiter der Radius eurer Selbstwahrnehmung, desto umfassender wird auch euer Erfahrungsschatz sein. Die Techniken selbst haben kein Ziel, nichts, worauf es hinzuarbeiten gilt. Zeit spielt keine Rolle. Es gibt nicht DIE Erkenntnis, die aus dieser einen bestimmten Technik erlangt werden kann. Sämtliche Erfahrung ist individuell, und zudem auch nur für euch gedacht, kein Pokal wartet auf euch, keine Form der Anerkennung, noch nicht einmal werden eure Ergebnisse irgendeinen anderen Menschen interessieren oder gar beeindrucken.

Das was jetzt kommt, ist sehr wichtig; die Pausen zwischen den einzelnen Momenten der Wahrnehmung eurer sich verändernden Gefühlsregungen sind Momente des „no-mind", Momente ohne Gedanken, insbesondere diese gilt es, bewusst wahrzunehmen.

Vielleicht kennt ihr das Einschwören der Isländischen Fußball-Nationalmannschaft mit ihren Fans vor jedem Spiel. Alle klatschen gleichzeitig zu einem kriegerischen Schlachtruf in die Hände, es vergehen ein paar Sekunden bevor erneut geklatscht und gebrüllt wird. Die Pausen werden immer kürzer, bis die Pause vollkommen verschwindet und damit das Ritual endet. Dies ist eine meditative Technik. Das interessante dabei ist, dass es nicht auf den Schlachtruf, nicht auf den Moment des Lärms ankommt, sondern dass die komplette Aufmerksamkeit auf die Pausen zwischen dem Gebrüll gerichtet wird, denn diese Pausen sind frei von Gedanken.

Der Prozess, den ihr durchlaufen werdet, besteht nicht aus Wachstum, er besteht stattdessen aus Tod, Verlust und Komprimierung. Die Technik ist dabei nur Mittel zum Zweck. Der Zweck wird durch paradoxe Intervention erreicht. Es soll eine ungeahnte physiologische, als auch mentale Reaktion erfolgen. Diese soll bewusst von euch wahrgenommen werden, und diese Bewusstheit verhilft euch letzten Endes zur Transformation.

Mir ist durchaus klar, dass Verzicht und Verkleinerung keine besonders großen Anreize für euch sind, aber lasst euch eines gesagt sein, zu Lebzeiten wurde Buddha nicht etwa verehrt, er wurde gemieden und verbannt, genau aus diesem Grund. Er hat von Dingen gepredigt, die so konträr waren zu dem Bekannten, dass er stets als Störenfried und Bedrohung wahrgenommen wurde. Er machte den Leuten schlichtweg Angst. Auch wenn sich dies über die Jahrhunderte änderte und nun viele Menschen seiner Lehre folgen, so weigert ihr euch immer noch, anderen Dimensionen Einlass zu gewähren. Seid mutig, seht es als Test für eure Überzeugungen; wenn sie durch die Wahrheit zerstört werden können, verdienen sie es auch, durch die Wahrheit zerstört zu werden. Aber wisset dies, in jeder Zerstörung steckt nämlich im selben Moment auch Neuschöpfung!

28 Impulse

aus einer anderen Dimension

1.

Stelle dich in die längste Warteschlange

Egal ob im Supermarkt, bei der Post oder im Rathaus, sucht euch die längste Warteschlange aus. Anstatt, wie sonst immer, auf die kürzeste Wartezeit aus zu sein, sollt ihr nun das genaue Gegenteil tun.

Entscheidet euch ganz bewusst dafür. Je eiliger ihr es habt, umso effektiver wird diese Technik sein. Beherrscht eure innere Hektik. Bleibt vollkommen ruhig, schaut euch alles an, beobachtet die Menschen um euch herum. Inspiziert den Raum, starrt in die Leere, schließt eure Augen, findet die Ruhe in euch.

Euer Verstand wird euch für vollkommen bekloppt halten, aber nur so werdet ihr die Herrschaft über ihn zurückgewinnen. Entscheidet euch dafür, dass Zeit jetzt keine Rolle spielt, einfach weil ihr es so wollt. Nicht nur das, ihr genießt sogar diese kleine Oase der Ruhe.

Schaut euch den Stress um euch herum an, erkennt im Gegensatz dazu eure eigene physische Ruhe, so beruhigt sich dann auch eure Psyche. Werdet euch bewusst, welche Kontrolle ihr ausüben könnt, und schaut euch an, wie vollkommen harmlos die Konsequenzen von ein paar vergeudeten

Minuten sind. Ganz im Gegenteil habt ihr, anstatt euch minutenlang innerlich aufzuregen, diese Minuten bewusst erlebt und euch so ein wenig Frieden geschenkt.

2.

Gib einer Spinne einen Namen

Jeder von euch hat irgendwo im Haus mindestens eine Spinne rumlaufen. Jetzt tendiert man natürlich dazu, solch Ungeziefer einfach zu eliminieren. Viele finden solche Krabbeltierchen ekelig oder fürchten sich sogar vor Ihnen.

Sucht euch eine Spinne aus, die euch besonders ins Auge fällt, eine, die sich von den anderen gut unterscheiden lässt, und gebt ihr dann einen Namen. Das kann ein lustiger oder ein exotischer Name sein, vermeidet jedoch Namen, zu denen euch keine Assoziation in den Sinn kommt.

Immer wenn ihr die Spinne seht, behandelt sie wie eine Katze oder einen Hund, wie ein gewöhnliches Haustier. Sprecht mit ihr, fragt sie etwas, lasst sie zu einem Teil eurer Welt werden, ähnlich eines Mitbewohners. Wünscht ihr eine gute Nacht und begrüßt sie am Morgen. Versucht es und schaut was passiert.

3.

Beim Verfassen einer email, stoppe unvermittelt und starre für 30 Sekunden auf eine beliebige Ecke deines Bildschirms

Diese Technik eignet sich besonders für diejenigen von euch, die viel am PC arbeiten. Es ist wichtig, dass ihr diesen Moment nicht plant. Unterbrecht eure email zu einem vollkommen unerwarteten Zeitpunkt, mitten im Satz, mitten im Wort.

Der Moment, in dem euch diese Technik einfällt, ist der perfekte Zeitpunkt, um das Schreiben zu unterbrechen. Denkt nicht lange nach, tut es einfach. Verharrt in der Position in der ihr euch gerade befindet und starrt auf die Ecke eures Bildschirms. Starrt aber nicht die Ecke direkt an, sondern schaut durch sie hindurch, sodass sie verschwommen erscheint.

Während ihr starrt, leert euren Verstand. Von einem Moment auf den anderen denkt ihr an gar nichts mehr. Ihr tut nichts anderes, als starren und atmen. Lasst keinen Gedanken zu.

Sollte dennoch ein Gedanke in euch aufkommen, konzentriert ihr euch wieder ganz bewusst auf die Ecke des Bildschirms und starrt diese ganz genau an, schaut auf die Details des Materials, auf die Körnung und auf die Farbunterschiede, so klein sie auch sein mögen.

4.

Tu so, als seist du heiser und vermeide jedes Sprechen

Suche dir eine Situation, in der es keine allzu großen Probleme bereitet, nicht zu sprechen. Es sollte jetzt nicht unbedingt ein wichtiges meeting sein, aber ein Treffen unter Freunden wäre passend.

Verzichte ganz bewusst darauf, etwas zu sagen. Sollte jemand fragen, weshalb du so still bist, versuche ihm einigermaßen authentisch eine Heiserkeit vorzuspielen, wenn auch nur pantomimisch.

Es ist wichtig, dass es sich um eine Situation handelt, in der du normalerweise immer etwas sagen würdest. Versuche auch nicht, über Gesten oder Ähnliches zu kommunizieren. Höre einfach zu, ohne dabei in Gespräche einzugreifen. Je länger du das durchhalten kannst, umso intensiver wird die Erfahrung sein.

Vergleiche die neue Situation mit der althergebrachten, was ist anders? Welche Gefühle hast du? Fällt es dir leicht oder eher schwer? Ist es belastend oder befreiend für dich? Macht es dich vielleicht sogar wahnsinnig? Ganz bestimmt wird es ungewohnt sein, aber genau darum geht es.

5.

Wenn du schlafen gehst, lege dich auf den Rücken, lege dann eine Hand flach auf den Bauch

Nachts, kurz bevor wir einschlafen, sind wir in der Regel am ruhigsten. Dieser Moment eignet sich ganz hervorragend für zahlreiche Techniken, man ist gerade noch bewusst genug, um zu beobachten, bei gleichzeitiger Abwesenheit von Aktivität, so wie es sonst tagsüber der Fall wäre.

Wenn du nun eine Hand, und nur eine, flach auf den Bauch legst, entweder auf ein dünnes shirt, oder aber direkt auf die nackte Haut, wirst du innerhalb von Sekunden spüren, wie wohltuende Wärme ausgestrahlt wird.

Konzentriere dich vollkommen auf diese Wärme, folge ihr. Lass sie durch deinen ganzen Körper wandern. Spüre, was sie mit dir macht. Falls du ein kleines, leichtes Kissen besitzt, kannst du auch anstatt deiner Hand dieses benutzen, insbesondere falls du dir diese Technik zur Gewohnheit machen willst.

Lass alle Gedanken beiseite, richte deinen Fokus auf die Körperbereiche, die von der Wärme erfasst werden und versuche bisweilen, diese Wärme durch deinen eigenen Willen in andere Körperregionen zu lenken.

Versuche nicht, dich krampfhaft wach zu halten, wenn du einschläfst, dann ist das überhaupt kein Problem. Ganz im Gegenteil, die Technik kann sogar wunderbar bei Einschlafstörungen genutzt werden.

6.

Jederzeit, lege deine Hand auf dein Herz, schließe deine Augen und höre deinen Herzschlag

Die Berührung einer Körperregion, bei gleichzeitigem mentalem Fokus, verstärkt den Zugang. Wenn Kraftsportler Probleme haben, bestimmte Muskelgruppen anzusprechen, hilft die Berührung der entsprechenden Region dem Zentralnervensystem, eine Verbindung zwischen Muskel und Gehirn herzustellen.

Die besten Erfahrungen macht ihr, wenn ihr euch eine Situation aussucht, in der ihr eure Tätigkeit mittendrin unterbrecht, oder noch besser, ihr ein aufkommendes Gefühl spürt, insbesondere Ärger oder Wut, und dann unvermittelt diese Technik anwendet.

Achtet dabei darauf, was mit euch selbst passiert. Was passiert mit dem aufkommenden Gefühl? Verschwindet es? Ist es etwas, dass ihr euch überhaupt anschauen könnt? Gewinnt ihr die Kontrolle über eure Emotion oder wird das Gefühl sogar noch verstärkt?

Der Herzschlag ist eines der beruhigendsten Geräusche überhaupt. Wenn ihr eine Zeitlang übt, werdet ihr in der Lage sein, jederzeit, auch ohne Berührung, euren Herzschlag bewusst wahrzunehmen.

7.

Wenn du Musik hörst, lasse sie durch deinen Körper fließen

Diese Technik hört sich wesentlich leichter an als sie ist. Erinnert euch daran, wie ihr Musik wahrgenommen habt, als ihr die Worte nicht verstehen konntet. Jedes Wort ist lediglich ein Ton, bedeutungslos. Erst durch das Verständnis der Sprache bekommt ein Wort eine Bedeutung, und diese Bedeutung sorgt dafür, dass ihr Musik zunehmend mit dem Verstand hört.

Es ist sehr schwer, ein Wort zu vernehmen, und es nicht automatisch mit einer Bedeutung und einer Vorstellung zu assoziieren. Lieder ohne Gesang eignen sich am Anfang besser, aber je verbundener ihr mit dem Musikstück seid, umso intensiver die Erfahrung.

Falls möglich, geht nach draußen, benutzt Kopfhörer, schließt die Augen, senkt euren Kopf, dreht die Lautstärke höher und konzentriert euch auf gar nichts, lasst einfach los. Lasst die Musik durch euren Körper fließen, nur die Töne. Stellt euch vor, ihr seid lediglich ein Draht, durch den Strom fließt. Da ist keine Interpretation, kein Verstehen. Ihr werdet lediglich zum Gefäß, welches mit Tönen gefüllt wird.

Solltet ihr das wirklich schaffen, wird die Erfahrung umwerfend sein. Je mehr ihr loslassen könnt, je mehr ihr von eurem Verstand Abstand nehmt, desto besser wird es funktionieren.

8.

Wenn du spazieren gehst, lege deinen Fokus auf nur eine Sache

Selbst wenn ihr spazieren geht, steht für euch alles andere im Fokus, außer dem Spazieren selbst. Deshalb wird diese Technik für viele von euch anfangs sehr schwierig sein, lasst euch aber nicht entmutigen, alles braucht seine Zeit.

Wenn ihr euer Augenmerk auf etwas richtet, dann muss es mit euch zu tun haben. Ihr könnt euch auf eure Atmung konzentrieren, auf die Bewegung eurer Arme. Ihr könnt aber auch versuchen, den Wind zu spüren, wie er durch euer Haar weht oder euer Gesicht streichelt, die Geräusche eurer Schritte gehen auch. Eurer Fantasie sind keine Grenzen gesetzt.

Vollkommen egal wofür ihr euch entscheidet, bleibt dabei, für die gesamte Dauer des Spaziergangs, wechselt nicht. Solltet ihr gedanklich abdriften, und ihr werdet abdriften, konzentriert euch so schnell wie möglich wieder auf euren zuvor gewählten Aspekt.

Sicherlich wird es zunächst anstrengend erscheinen, aber dieses Gefühl wird weichen und anderen Empfindungen Platz machen. Je aufmerksamer ihr euch selbst beobachten könnt, desto mehr Veränderungen werden euch auffallen, sowohl mental als auch physisch.

·9.

Suche dir im Supermarkt ein besonderes Lebensmittel aus

Das klingt nicht gerade spektakulär, deshalb will ich es genauer erklären. Dieses Lebensmittel muss etwas sein, wonach ihr euch verzehrt. Ihr sollt eine ganz konkrete Vorstellung davon haben, was ihr damit machen werdet, und diese Tätigkeit soll zum Event werden.

Wenn es beispielsweise etwas Süßes ist, dann zelebriert den Verzehr, malt euch ein Szenario aus, wann und wie ihr es essen werdet, das Ambiente, den Moment. Das alles muss schon in dem Moment klar sein, wo ihr euch für den Kauf entscheidet. Es kann auch eine außergewöhnliche Soße sein, ein besonderes Stück Fleisch, selbst ein Gewürz. Ihr müsst es für einen ganz speziellen, vordefinierten Moment kaufen.

Das Wichtigste ist, das Event des Verzehrs so detailliert wie möglich zu planen, und es dann auch durchzuführen. Ihr sollt dafür sorgen, dass ihr euch auf den Moment freut, und der Moment muss euch gehören, euch ganz allein. Seht es als geheime mini-Belohnung an.

Viel weniger als der Kauf selbst, steht natürlich das Event im Vordergrund. Egal wie umfangreich, egal wie lange es dauert, wieviel Vorbereitung auch nötig sein mag, geht darin auf, zelebriert es, lasst euch davon erfüllen. Das ist der Kern dieser Technik. Kostet den Moment aus, genießt nur, kein Gedanke soll euch den Genuss nehmen können.

10.

Wenn sich dein Handy meldet, ignoriere es für 30 Minuten

Zumindest einmal am Tag, zu einer beliebigen Zeit, solltet ihr euch vom Handy-Autopiloten-Modus befreien. Wenn jemand anruft, ihr eine Nachricht bekommt, schaut nicht auf das display, sondern ignoriert es für mindestens 30 Minuten.

Natürlich wird euer Verstand euch Gründe liefern wollen, warum ihr gerade jetzt ganz dringend auf das Handy schauen müsst. Keiner dieser Gründe existiert tatsächlich. Das Handy hat euch einen Großteil eurer Freiheit gekostet, Zeit für eine Revanche!

Für diejenigen von euch, die mittlerweile schon ganz instinktiv auf die Signale des Handys reagieren, wird es eine enorme Umstellung sein. Widersteht dem Drang, es euch anzusehen, wenn es sich meldet. In dem Moment, wo ihr eurer ersten Intention Einhalt gebietet, genau ab dann, müsst ihr eure Gefühle beobachten. Beobachtet eure Gedanken, werdet einfach nur zum Zeugen, zum stillen Anwesenden.

Tut dies so lange wie möglich, und achtet darauf, wie sich Gedanken und Gefühle verändern. Gebt keinesfalls nach! Mit jedem Tag, an dem ihr dies erfolgreich praktiziert, gewinnt ihr ein Stück Autonomie zurück.

11.

Wenn du während des Fernsehens umschaltest, dir aber nichts gefällt, schalte den Fernseher für ein paar Minuten aus

Das wird euch nicht besonders schwerfallen. Allerdings liegt hier der Fokus nicht auf dem Ausschalten selbst. Achtet genau darauf, wie von einem auf den anderen Momenten, binnen eines Wimpernschlags, Ruhe einkehrt.

Versucht diesen Moment des Übergangs zu erwischen, den Moment, in dem alles verstummt. Dieser Augenblick ist besonders, nicht nur, weil laute Töne abrupt abbrechen, sondern auch, weil ein signifikanter visueller Stimulus gleichzeitig erlischt. Würdet ihr nur den Ton ausschalten, verpasstet ihr ihn.

Fühlt, was mit euch passiert, die ersten 30 Sekunden sind entscheidend. Wie reagiert der Körper auf den Übergang von Lärm zur Ruhe? Entspannt sich euer Körper? Achtet auf den stetigen Ton, den ihr nach dem Abschalten hören werdet, und schaut, was aus ihm wird.

12.

Wenn du den Verstand benutzt, dann vermeide Gedanken über die Vergangenheit und die Zukunft

Immer wieder werdet ihr in Gedanken versunken sein. Wenn ihr einen Moment erwischt, in welchem euch das Denken selbst als jetzt gerade stattfindender Vorgang bewusst wird, versucht diese Technik.

Lasst eure Gedanken ruhig zu, aber betrachtet sie ganz genau. Sollten sich die Inhalte auf die Vergangenheit oder die Zukunft beziehen, dann löst den Gedankengang auf, stoppt ihn unvermittelt. Es reicht aus, das zunächst für 10 Minuten zu versuchen, das wird anstrengend genug sein.

Ihr werdet tiefe Einblicke in die Qualität eurer Gedanken erhalten, auch wird euch die generelle Beschaffenheit von Gedanken klarer werden. Es mag euch frustrieren, die meisten Gedankengänge auflösen zu müssen, aber es kommt darauf an, was ihr dadurch erkennt.

Diese Technik birgt grundlegende Einsichten darüber, wie der Verstand funktioniert, in welchen

Situationen der Verstand hilfreich ist, und wann eben nicht.

13.

Fahre mit den Fingerspitzen über dein Schlüsselbein

Die Haut am Schlüsselbein ist recht dünn, und je näher ihr dem Brustbein kommt, umso empfindsamer ist sie. Diese Technik ist gut geeignet, um den Fokus nach innen zu lenken.

Wenn ihr fernseht und entspannt seid, streichelt euch mit den Fingerspitzen ein paarmal hauchzart über das nackte Schlüsselbein und den oberen Brustbereich. Tut dies langsam, schließt dabei die Augen und konzentriert euch vollkommen auf die Berührung selbst.

Wie immer ist das Wichtigste, euch selbst zu beobachten. Wie fühlt ihr euch nach einer gewissen Zeit? Berührungen können zahlreiche Effekte haben, aber gerade für Menschen sind sie lebenswichtig. Sich selbst zu berühren, hat nicht die Intensität wie die Berührung durch eine andere Person. Erstaunlicherweise ist das aber beim angesprochenen Bereich, um das Schlüsselbein herum, anders.

14.

Frage niemanden, was er gestern getan hat oder morgen tun wird

Erfahrungsgemäß sind solche Fragen, insbesondere bei Paaren, Standard. Nehmt euch einen Tag lang vor, diese Fragen niemandem zu stellen.

Gerade in einer Partnerschaft ist auch Stille sehr wichtig, ständige Gespräche drehen sich häufig im Kreis und lenken die Aufmerksamkeit weg vom Augenblick. Vermutlich wird es euch sehr verwundern, wie oft ihr tatsächlich über diese Floskeln kommuniziert, wenn ihr es denn bewusst zu vermeiden versucht.

Es geht nicht darum, Gespräche anders zu führen. Ziel ist es nicht, die Vergangenheit oder die Zukunft auszublenden. Es geht vielmehr darum, zu beobachten was passiert, wenn ihr darauf verzichten müsst. Ihr werdet auf euch selbst zurückgeworfen, wenn ihr erkennt, was ihr sagen wollt, ihr aber plötzlich realisiert, dass ihr es vermeiden müsst.

Diese Technik kann eine tolle Erfahrung sein, wenn man sich selbst kritisch gegenübersteht kann.

Vielleicht werdet ihr auch über euch selbst lachen müssen, wenn ihr auch beim zehnten Mal keinen Gesprächseinstieg findet. Ihr werdet erkennen, wieviel Wert ihr generell auf Tätigkeit und Aktion legt, und was eigentlich die Inhalte eurer Gedanken sind.

15.

Anstatt Gründe zu finden, warum etwas nicht getan werden kann, finde Optionen, wie es möglich wird, und ziehe es durch

Das Paradebeispiel hierfür ist Sport. Es ist schlichtweg faszinierend, wie viele Gründe ihr findet, Dinge nicht zu tun, von denen ihr aber sagt, dass ihr sie unbedingt tun wollt, euch aber lediglich die Zeit dazu fehle.

Habt ihr jemals nicht die Zeit gefunden, arbeiten zu gehen? Natürlich nicht, denn auf eurer Prioritätenliste steht Arbeit ganz oben, mit einem unfassbar großen Abstand, und kaum einer von euch will das wahrhaben. Es ist überhaupt keine Wertung, lediglich eine Tatsache.

Die Arbeit ist für euch nicht optional, alles andere schon. Ihr organisiert euer gesamtes Leben um die Arbeit herum. Niemals findet ihr einen Grund, nicht arbeiten zu gehen, niemals kämt ihr auf die Idee, eurem Chef einen Tag später erklären zu wollen, warum ihr am Tag zuvor einfach nicht auftauchen konntet. Ihr findet immer einen Weg, andere Dinge so zu verschieben, so dass nichts mit der Arbeit kollidiert.

Der Grund warum ihr das so mühelos schafft, ist eure Einstellung. Und diese Einstellung bitte ich euch nun, auf etwas anderes zu projizieren. Findet einen Weg, das zu tun, wozu ihr vermeintlich niemals Zeit findet und haltet euch an diese Vorgabe, was es auch kostet, so wie ihr es bei eurem Job macht!

16.

Wenn dir etwas ins Auge fällt, was du unbedingt haben willst, du es auch sofort kriegen könntest, warte dennoch ab

Industrieländer basieren auf dem Konzept des Konsums. Konsum ist aber gekoppelt an einen Wunsch, an ein Verlangen. Ohne es noch zu bemerken, werdet ihr ununterbrochen mit diversen Formen der Werbung vollgedröhnt, dem Instrument, welches für dieses Verlangen sorgen soll.

Diese Technik ist sehr wertvoll, denn sie vermag nicht nur zu zeigen, was das Wesen des Verlangens ist, sie zeigt euch auch, was passiert, wenn ihr dieses Verlangen alleine im Raum stehen lasst.

Solltet ihr also auf ein Objekt der Begierde stoßen, was auch immer es sein mag, widersteht der sofortigen Bedürfnisbefriedigung und wartet mindestens zwei Tage ab. Beobachtet euch genau. Wie fühlt ihr euch dabei, wie verändert sich das Gefühl im Laufe der Zeit? Was passiert mit euren Gedanken?

Je genauer und intensiver ihr in der Lage seid, euch selbst zu beobachten und in euch hineinzuhören, desto intensiver wird eure Erfahrung, umso umfangreicher euer Verständnis sein.

17.

Wenn du dich in einem Raum mit mehreren Menschen befindest, was auch passiert, benutze nicht dein Handy

Der Gebrauch des Handys ist mittlerweile zum Alltag geworden. Ihr überlegt gar nicht mehr, ihr schaut es euch zu allen möglichen Zeitpunkten an, vollkommen automatisch.

Wenn ihr euch also nun in Gesellschaft befindet, beobachtet ganz genau was passiert, wenn jemand sein Handy zückt. Was passiert mit der Gruppe? Was passiert mit dir? Was passiert mit der Atmosphäre im Raum?

Vermeidet ganz bewusst, euer Handy zu benutzen. Wie fühlt sich das an? Wie entwickelt sich die Gruppendynamik? Verschwinden die Handys? Verschwinden die Gespräche? Wie entwickelt sich die Situation?

Nehmt euch vor, lediglich als Beobachter im Raum zu sein. Beeinflusst die Situation nicht, seid lediglich Zeuge dessen, was dort passiert und welche Auswirkungen dies auf euch, auf euer Wohlbefinden hat. Fühlt ihr euch alleine? Fühlt ihr euch geborgen?

Ihr habt jederzeit die Chance, Einfluss auf euer Leben zu nehmen, Dinge einzubeziehen, Dinge zu entfernen. Nichts passiert automatisch, ihr trefft öfter Entscheidungen als ihr denkt, nur trefft ihr sie eben nicht mehr bewusst.

18.

Verbringe einen ganzen Tag, ohne auf die Uhr zu schauen

Zeit ist gerade in Industrieländern ein enorm knappes Gut geworden, und die Uhr übernimmt in vielen Fällen die Rolle der Peitsche. Jeder Mensch besitzt aber auch eine innere Uhr. Wenn ihr euch tatsächlich für einen längeren Zeitraum von der physischen Uhr trennen könnt, werdet ihr feststellen, dass ihr ein recht präzises Gefühl für die Tageszeit entwickelt.

Diese Technik ist recht schwierig in die Praxis umzusetzen. Überall sind Uhren, an jeder Ecke wirst du damit bombardiert, selbst das Cover deines Handys ist damit ausgestattet. Kalender gehören mittlerweile zum Leben, wie das Atmen selbst.

Natürlich geht es auch in dieser Technik primär um die Konsequenzen für deine Gefühlswelt. Wie schwer fällt es dir, diese Technik zu praktizieren? Was zeigt dir das? Wie empfindest du dabei? Das hörst sich alles natürlich recht therapeutisch an, soll es aber nicht sein.

Es geht nicht um Heilung oder Verhaltensmodifikation. Es geht um Erfahrung! Es geht darum, Dinge zu realisieren, die vorher im Dunkeln lagen oder aber nur Teil einer philosophischen Überlegung waren. Wertfreie Erfahrung ist die Basis für jede Art von Weisheit, ohne sie wäre Verständnis nicht möglich, und je unkonventioneller die Erfahrung, umso wertvoller ist sie.

19.

Fühle einen Gegenstand

Tatsächlich eignet sich dafür jeder Gegenstand. Fühlt ihn ganz bewusst. Nehmt euch Zeit, schließt die Augen und versucht, alles zu erfühlen, was es an dem Gegenstand so zu ertasten gibt. Da ihr jeden Gegenstand nutzen könnt, ist die Technik auch an jedem beliebigen Ort und zu jeder denkbaren Zeit durchführbar. Gerade bei flauschigen Objekten lohnt es sich, auch mit dem Gesicht zu fühlen. Je komplexer der Gegenstand im haptischen Sinne, desto besser.

Entscheidend ist, dass ihr euch herausnehmt. Unterbrecht alles, was ihr gerade tut und konzentriert euch vollkommen auf das Fühlen. Alles an dem Objekt wird wichtig, seine Form, seine Temperatur, seine Beschaffenheit, jedes noch so kleine Detail. Je tiefer ihr in einer anderen Sache involviert seid und diese unterbrechen könnt, umso intensiver wird die Erfahrung sein, daher ist dies eine gute Technik, um sie während der Arbeitszeit auszuführen.

Aber nicht nur der Gegenstand selbst soll Zentrum eurer Aufmerksamkeit sein. Vergesst nicht, in euch selbst hineinzusehen, und die Veränderungen eures Gemütszustandes zu registrieren. Je öfter ihr es schafft, euer alltägliches Leben derart zu unterbrechen, desto tiefer werden eure Einsichten sein.

20.

Während die Sonne scheint, schließe deine Augen und spüre die Sonnenstrahlen auf dem Gesicht

Viele Techniken zielen darauf ab, euch aus dem Autopiloten-Modus zu reißen, auch diese hier. Unterbrecht, was auch immer ihr gerade tut, schließt eure Augen und streckt euer Gesicht Richtung Sonne.

Konzentriert euch dabei vollkommen auf euer Gesicht, entspannt total. Spürt, was die Sonne mit eurer Haut macht, gebt euch vollkommen dieser Wärme hin, werdet zum Gefäß. Beobachtet, was mit eurem Körper, mit eurem Geist geschieht.

Verharrt so für mindestens zwei Minuten. Das hört sich nicht lange an, aber bei geschlossenen Augen und präzisem Fokus auf nur eine Sache, werden aus zwei Minuten sehr schnell gefühlte zwei Stunden.

Bleibt die ganze Zeit bewusst bei der Sache, lasst alles andere verschwinden, die Geräusche, die Gedanken. Hingabe ist sehr selten geworden in einer Gesellschaft, in der es konzeptionell um Kontrolle und Unabhängigkeit geht. Betrachtet die Sonne als superiores Objekt, öffnet euch ihr komplett, lasst sie tief in euch eindringen, bis ihr vollkommen von ihr erfüllt seid.

21.

Werte nicht

Unsere Sprache existiert nur durch die Dualität des Verstandes. Ohne kalt kein warm, ohne richtig kein falsch. Ihr seid voller Wertung, in Gedanken, in Worten, und auch in eurem Handeln. Das wird euch erst dann so richtig bewusst, wenn ihr diese Technik konsequent anwendet.

Achtet einen ganzen Tag darauf, weder in Gedanken, noch in Worten, zu urteilen. Fragt euch bei allem was ihr tut, ob nicht doch irgendwo eine versteckte Wertung vorhanden ist.

Natürlich hat jeder Vorlieben und Abneigungen. Etwas gut oder weniger gut zu finden, ist zwar auch eine Wertung, aber ihr sollt in erster Linie kategorische Wertungen vermeiden. Erkennt die Moral dahinter. Seid amoralisch, also weder moralisch noch unmoralisch. Lasst lediglich Tatsachen sprechen.

Versucht es einmal und vergesst nicht, zu registrieren, wie ihr euch dabei fühlt. Erkennt, was mit euren Gedanken passiert. Wie oft wertet ihr? Seid ihr euch dessen bewusst?

22.

Gehe nachts auf den Balkon und betrachte den Mond

Nachts ist die Stille förmlich greifbar. Geht einfach nach draußen, wenn alles dunkel ist, je weniger Lichter, desto besser. Betrachtet den Mond und spürt die Kälte.

Besonders wichtig ist der erste Moment, der, in dem ihr den freien Himmel betretet. Nachts sind die Gerüche intensiver, aber nur für einen kleinen Moment, bevor sich die Nase daran gewöhnt. Achtet zunächst ausschließlich auf den Geruch der Nacht.

Bleibt einfach draußen stehen, schaut euch den Mond an und genießt den Moment. Achtet auf die Stille, die Kühle, schaut euch an, wie alle Objekte durch die Dunkelheit einen ganz anderen Charakter bekommen, wie anders die Geräusche sich anfühlen.

Verharrt für ein paar Minuten ohne Gedanken, nur wachsam ob der Eindrücke, die die Nacht für euch bereithält. Welche Wirkung hat das auf euch?

23.

Unter Freunden, höre nur zu

Die Auswirkungen des Schweigens auf den eigenen Organismus werden vollkommen unterschätzt. Noch während der andere spricht, denkt ihr schon über eine Antwort nach. Es geht bei dieser Technik nicht um das Zuhören, sondern um das Schweigen, nicht nur um das Schweigen im akustischen Sinne, sondern vor allem um das Schweigen des Verstandes.

Dinge werden sich verändern, wenn eure Intention weggeht von einer Antwort, hin zu einem Lächeln. Belehrt nicht, korrigiert nicht, achtet nicht auf den Wahrheitsgehalt der Aussagen des anderen, lächelt einfach und schweigt. Natürlich solltet ihr auf Fragen antworten, aber jedwede Antwort sollte den Gesprächsfluss auf eine andere Person umleiten und keine signifikante Aussage eurerseits enthalten.

Für viele von euch wird das eine wahre Herausforderung, seid ihr doch so sehr erpicht darauf, eure Meinung kundzutun. Erstaunlich sind die Resultate für eure innere Welt, falls ihr eben genau darauf verzichten könnt.

24.

Mehrmals am Tag, betrachte deine Körperhaltung

Der Blick nach Außen fällt euch sehr leicht, denn dazu braucht es nur ein Öffnen der Augen. Der Blick nach innen erfolgt hingegen nur im Notfall, dann, wenn der erste Impuls von eurem Körper selbst ausgeht, wenn er euch nämlich über den Schmerz kontaktiert.

Der Blick nach innen verbessert nicht nur eure Lebensqualität ganz entscheidend, je geschulter er wird, desto mehr Einblicke in andere Dimensionen offenbart er euch.

Nehmt euch einen Moment, um in der augenblicklichen Position, sei es im Sitzen oder Stehen, jedes Detail eurer Körperhaltung zu inspizieren, aber nicht über einen Spiegel, sondern indem ihr in euch hineinfühlt. Wie ist eure Kopfhaltung? In welcher Position befinden sich eure Schultern? Auf welchem Bein lastet mehr Gewicht? Wie ist die Position des Beckens?

Wie ihr seht, fehlt es nicht an potenziellen Körperregionen, welche begutachtet werden können.

Wiederholt dies regelmäßig, aber achtet darauf, dass die entscheidende Frage immer dieselbe ist: Was bewirkt das in euch?

25.

Während der Arbeit, atme zehnmal tief ein und aus

Ein absoluter Klassiker, aber trotzdem die Wirksamkeit einer solch einfachen Technik bekannt ist, wird sie stets als lapidar abgetan und ignoriert.

Die Kunst liegt, wie so häufig, im Detail. Zunächst solltet ihr euch ganz bewusst aus eurer Tätigkeit hinausnehmen. Das Atmen darf nicht einfach so, unwillkürlich, erfolgen, es muss zelebriert, förmlich angebetet werden. Leert euren Verstand und bereitet euch, voller Hingabe, auf die bewusste Erfahrung eines ansonsten automatisierten Prozesses vor.

Schließt eure Augen und spürt jeden Atemzug. Spürt, wie sich der Brustkorb weitet, wie sich der Bauch bläht. Spürt die Temperatur des Atemzuges in der Nase und im Rachen. Folgt dem Atem durch euren Körper hindurch und lasst ihn weite Wege gehen, atmet so tief ihr könnt, sowohl ein, aber insbesondere aus. Atmet so lange aus, bis tatsächlich sämtliche Luft entwichen ist. Die Pausen zwischen den Atemzügen sind von ganz eigener Schönheit, beobachtet euch in diesen Momenten ganz genau, nehmt die Pausen als eigenständiges Element wahr.

Es gibt so unglaublich viele Dinge, auf die man alleine bei einer so einfachen Aktion wie der Atmung, achten kann. Es liegt an euch, was die Technik euch vermag zu offenbaren, nicht an der Komplexität der Technik selbst.

26.

Betrachte eine Blume in freier Natur

Die Umgebung in der ihr lebt, besteht größtenteils aus leblosem, künstlich erzeugtem Material, egal ob es sich hierbei um Straßen, Autos, Parkplätze, Gebäude oder auch Spielplätze handelt. Fast alles um euch herum ist die Abwesenheit von Natur.

Eine Blume zu finden, an der ihr riechen könnt, ohne sie dabei zu pflücken, ist gar nicht so einfach. Wann immer ihr euch im Freien befindet, könnt ihr es versuchen. Schaut sie euch zunächst ganz genau an, achtet auf sämtliche Details, insbesondere die Blütenblätter, mit ihrer ganz eigenen Haptik, solltet ihr euch ansehen. Erkennt die Schönheit, die Simplizität.

Versucht, die Blume zu fühlen, ohne sie dabei zu beschädigen. Riecht an ihr, saugt ihren Geruch förmlich auf. Erkennt ihr Wesen, all das, was sie ausmacht, was gefällt euch an ihr am besten? Nehmt euch so viel Zeit wie ihr wollt, auch wenn es nur ein paar Sekunden sein sollten.

Jeder Einzelne von euch ist ein natürliches Objekt, organisch gewachsen, voller Energie, daher ist jeder Kontakt zu anderen organisch gewachsenen Objekten so anders, als der zu künstlich erzeugten.

27.

Lass dein Handy zu Hause

Ganz automatisch packt ihr euer Handy ein, wenn ihr das Haus verlasst. Es ist schon gar keine bewusste Handlung mehr, es passiert einfach. Aber was würde geschehen, wenn ihr es zu Hause ließet? Ich frage hier nicht euren Verstand! Ich frage nach eurer Erfahrung!

Also bitte ich euch um eben dieses Experiment, inklusive Auswertung. Ihr könnt klein anfangen und zunächst nur kurze Zeiträume nutzen, seid ehrlich, was passiert? Welche Auswirkungen hat es, ward ihr eingeschränkt in euren Handlungsmöglichkeiten? Wie wichtig war es, bestimmte Dinge sofort zu tun?

Viel entscheidender ist allerdings die Frage, was das fehlende Handy in euch verursacht hat. Wart ihr nervös, hattet ihr vielleicht sogar Angst? Wart ihr vielleicht freier? Habt ihr euch weniger gestresst gefühlt, oder hat es euch stattdessen in noch größeren Stress versetzt?

All diese Antworten geben nicht etwa Aufschluss über die Bedeutung des Handys in eurem Leben, sondern sie geben Aufschluss über euch. Bei all den Antworten, die dieses Experiment zu geben hat, geht es am Ende immer darum, euch selbst zu sehen. Erkenntnisse über euch zu gewinnen, ist die Essenz einer jeden hier dargestellten Technik.

28.

Schaue dir einen geschriebenen Text in deiner Muttersprache an, ohne ihn zu lesen

Diese Technik grenzt fast schon an einen Geniestreich, so tief und effektiv ist sie. Nehmt euch ein wenig Zeit dafür, denn ohne weiteres, so auf den ersten Blick, wird es sich komisch und unmöglich anfühlen.

Sucht euch einen Text in eurer Muttersprache aus, er muss nicht lang sein, darf aber auch nicht aus nur einem Wort bestehen. Ihr müsst jedes Wort einzeln lesen können und ihr solltet nicht so weit weg sein, dass die Worte leicht ineinander verschwimmen. Plakate, Werbung oder Anzeigen erfüllen diesen Zweck sehr gut.

Nun wird euch sehr schnell auffallen, dass ihr jedes Wort sofort lest, ihr seht nicht die Form, die Struktur, so wie ein Kind es täte, sondern ihr lest ganz automatisch, und damit bekommt jedes Wort eine Bedeutung, und diese Bedeutung löst in euch eine Reaktion aus.

Jetzt versucht, nicht zu lesen. Schaut auf den Text, aber findet einen Weg, das Lesen zu verhindern. Erkennt die Form, erkennt das geschriebene Wort lediglich als Symbol, als Aneinanderreihung von Subsymbolen, die isoliert bedeutungslos sind. Wenn ihr währenddessen genau auf euch achtet, passieren wundervolle Dinge.